# Beete und Rabatten

Richard Bird

# Beete und Rabatten

*Mit Fotografien
von Stephen Robson*

Bechtermünz Verlag

Zuerst veröffentlicht 1998 unter dem Titel
*Creating Beds & Borders*
durch Ryland Peters & Small Ltd
Cavendish House
51-55 Mortimer Street
London W1N 7TD

**Deutsche Erstausgabe**

Copyright © für den Text by George Carter, Richard Bird, Paula Pryke 1998
Copyright © für Layout und Fotos by Ryland Peters & Small Ltd 1998
Copyright © für die deutsche Übersetzung und Ausgabe by Weltbild Verlag GmbH, Augsburg 2000

Alle Rechte vorbehalten.

Bearbeitung und Koordination der deutschen Ausgabe: akapit Verlagsservice, Berlin - Saarbrücken

Übersetzung: Vera Lohrbacher (akapit Verlagsservice)
Einbandgestaltung: Studio Höpfner-Thoma, München
Umschlagbild: Gartenfotografie Strauß, Au
Gesamtherstellung: Sun Fung Offset Binding Co., Hong Kong

Printed in China

ISBN 3-8289-1576-0

*oben* Der Charme eines Bauerngartens wird durch *Allium schoenoprasum*, oder auch Zierlauch, betont.

*oben* Gemischte Rabatten zeigen viele Farb- und Formvariationen: Skabiosen und Salbei zuammen mit Rosen.

*oben* Blütenformen lassen sich ebenso kombinieren wie die Farben. Die Sternformen wirken fröhlich.

# Klassische Rabatten können durch ihre Vielfältigkeit jedem Garten eine besondere Note geben. Einfarbige Rabatten wirken harmonisch, während die klassische Staudenrabatte unübertroffen bleibt, wenn Fülle und Vielseitigkeit bei der Gestaltung gefragt sind. Rabatten und Blumenbeete spielen eine zentrale Rolle im Garten und sollten daher sorgfältig geplant und gepflegt werden.

*oben* Eine hübsche Rabatte gibt dem Garten Farbe, Vielseitigkeit und einen eigenen Stil. Sie kann ein Blickfang im Vordergrund sein oder einen Hintergrund auffällig gestalten.

*links* Senkrechter Raum sollte ein einheitliches Bild ergeben: Eine niedrige Randbepflanzung ist mit halbhohen Lilien verbunden, die wiederum zu einer mit Geißblatt berankten Rose führen. Der Raum ist ausgefüllt, ohne überfüllt zu wirken.

*Klassische Rabatten*

*oben* Hier wird das Blätterwerk um seiner Form willen zur Gestaltung genutzt. Gleichzeitig bildet es den Hintergrund für üppige Blüten. Dies wird durch den Formen- und Farbenreichtum von immergrünen Pflanzen möglich.

*rechts* Eine harmonische Wirkung kann durch ähnliche Farben über der Rabatte erreicht werden. Hier werden Königskerzen mit champagnerfarbenen Rosen zusammengebracht.

*links* Mit Pflanzen können Konturen auch verwischt werden. Phlox, Fingerhut und Zierlauch füllen den Raum zu einer Akelei.

*unten* Bewegung und Rhythmus bestimmen dieses Blättermotiv, in dem mit zarten Blüten farbige Akzente gesetzt werden.

*Klassische Rabatten*

# Staudenrabatten

DIE STAUDENRABATTE ERFREUT sich wieder größter Beliebtheit. Sie ist ausgesprochen vielseitig und bietet dem Gartenfreund eine Fülle von Farben, Formen und Düften zum Experimentieren. Obwohl die Staudenrabatte in dem Ruf steht, sehr arbeitsintensiv zu sein, braucht sie jedoch weitaus weniger Pflege als z.B. Rosen. Für alle, die sich bisher nicht mit Staudenrabatten beschäftigt haben, wird sich eine völlig neue Welt eröffnen.

## *Bepflanzungsplan*

1 *Achillea millefolium* Cerise Queen (× 5)
2 *Achillea filipendulina* Gold Plate (× 6)
3 *Alchemilla mollis* (× 3)
4 *Aquilegia* Crimson Star (× 9)
5 *Asphodeline lutea* (× 5)
6 *Astilbe chinensis* var. pumila (× 3)
7 *Eremurus* subsp. stenophyllus (× 1)
8 *Euphorbia griffithii* Fireglow (× 3)
9 *Helenium autumnale* (× 3)
10 *Helianthus* Loddon Gold (× 1)
11 *Hemerocallis* Marion Vaughn (× 1)
12 *Kniphofia* Percys Pride (× 1)
13 *Lychnis chalcedonica* (× 3)
14 *Malva moschata* (× 3)
15 *Mimulus* Royal Velvet (× 3)
16 *Nectaroscordum siculum* (× 12)
17 *Oenothera fruticosa* Fyreverken (× 2)
18 *Oenothera stricta* (× 2)
19 *Penstemon* Andenken an Friedrich Hahn (× 1)
20 *Polemonium pauciflorum* (× 4)
21 *Sedum* Ruby Glow (× 2)
22 *Solidago cutleri* (× 1)
23 *Solidago* Laurin (× 1)
24 *Trifolium rubens* (× 1)
25 *Verbascum bombyciferum* (× 3)

*Klassische Rabatten*

# Einfarbige Beete

BEIM BESUCH VON GÄRTEN ist eine einfarbige Rabatte ein ganz besonderer Blickfang. Der „weiße Garten" des Schlosses Sissinghurst und der „rote" in Hidcote gelten als zwei der schönsten englischen Gärten, die große Berühmtheit erlangten und häufig kopiert wurden. Auch wenn man sich von anderen Gärten inspirieren lässt, so kann doch jeder Gärtner durch persönliche Farbwahl und Anordnung seine ganz individuelle, einfarbige Rabatte schaffen.

## *Bepflanzungsplan*

**Mehrjährige**
1 *Alcea rugosa* (× 3)
2 *Anemone hupehensis* var *japonica* Prinz Heinrich (× 3)
3 *Aster novi-belgii* Carnival (× 3)
4 *Aster novae-angliae* Andenken an Alma Pötschke (× 3)
5 *Astilbe × arendsii* Fanal (× 3)
6 *Centranthus ruber* (× 3)
7 *Echinacea purpurea* (× 3)
8 *Filipendula rubra* (× 5)
9 *Geranium psilostemon* (× 1)

10 *Geranium* Ann Folkard (× 1)
11 *Lupinus* The Chatelaine (× 1)
12 *Lychnis viscaria* Flore Pleno (× 3)
13 *Lythrum virgatum* The Rocket (× 2)
14 *Penstemon* Evelyn (× 1)
15 *Penstemon* Andenken an Friedrich Hahn (× 1)
16 *Persicaria affinis* (× 3)
17 *Physostegia virginiana* Red Beauty (× 3)

18 *Sanguisorba obtusa* (× 3)
19 *Sedum telephium* subsp. *maximum* Atropurpureum (× 3)
20 *Sedum spectabile* (× 3)

**Zwiebelblumen**
21 *Crinum × powellii* (× 3)
22 *Dahlia* Betty Bowen (× 3)
23 *Schizostylis coccinea* (× 5)
24 *Tulipa* Queen of Night (× 7)

**Stauden**
25 *Deutzia × elegantissima* (× 1)
26 *Rosa* Mme Isaac Pereire (× 1)

**Einjährige**
27 *Antirrhinum majus* His Excellency (× 7)
28 *Atriplex hortensis* var. *rubra* (× 5)
29 *Dianthus chinensis* Firecarpet (× 5)
30 *Papaver somniferum* (× 3)
31 *Verbena* Showtime (× 7)

*Klassische Rabatten*

# Flechtrabatten

EINES DER FARBENPRÄCHTIGSTEN ELEMENTE des viktorianischen Gartens war die Flechtrabatte. Manche Ausführungen waren einfache klare Farbblöcke, andere bestanden aus komplizierten Mustern, durch Tausende von Pflanzen gebildet. Die erforderlichen Pflanzen können mit Hilfe eines Frühbeetes oder Gewächshauses kostengünstig selbst gezogen werden. Besonders im Vorgarten, aber auch in jedem formellen Entwurf, sind diese Beete ein Blickfang.

## *Bepflanzungsplan*

1 *Cordyline australis* (× 1)
2 *Echeveria pulvinata* (× 8 pro m)
3 *Echeveria secunda* var. *glauca* (× 8 pro m)
4 *Sedum acre* (× 150 pro qm)
5 *Echeveria elegans* (× 10 pro m)
6 *Alternanthera* Aurea Nana (× 150 pro qm)
7 *Alternanthera* Brilliantissima (× 150 pro qm)
8 *Alternanthera* Versicolor (× 150 pro qm)
9 *Dudleya farinosa* (× 12 pro m)

*Klassische Rabatten*

# Laubpflanzenbeete

BLÄTTER HABEN GEGENÜBER Blumen einen großen Vorteil: sie behalten während der Wachstumsphase ihre Farbe, die Immergrünen sogar das ganze Jahr über. Ein Beet aus Laubpflanzen muss nicht langweilig sein, es kann eine kühle, klare Atmosphäre vermitteln. Es kann aber auch ein farbenprächtiges Beet sein, mit exotischen, bunten Farben, das eine fröhliche Stimmung erzeugt, oder eines mit großblättrigen Pflanzen, die einen dramatischen Effekt unterstützen.

## *Bepflanzungsplan*

1 *Phytolacca americana* (× 1)
2 *Cornus controversa* Variegata (× 1)
3 *Geranium macrorrhizum* (× 7)
4 *Polystichum setiferum* (× 1)
5 *Geranium palmatum* (× 3)
6 *Geranium × magnificum* (× 3)
7 *Iris sibirica* (× 3)
8 *Lysimachia ciliata* Firecracker (× 1)
9 *Meconopsis cambrica* (× 6)
10 *Euphorbia characias* subsp. *wulfenii* (× 3)
11 *Macleaya cordata* (× 3)
12 *Romneya coulteri* (× 2)
13 *Lysichiton americanus* (× 1)
14 *Kniphofia* Painted Lady (× 1)
15 *Crocosmia × crocosmiiflora* Solfaterre (× 3)
16 *Hosta lancifolia* (× 1)
17 *Heuchera micrantha* var. *diversifolia* Palace Purple (× 3)
18 *Hosta* Tardiana Familie Halcyon (× 3)
19 *Euphorbia dulcis* Chameleon (× 1)
20 *Miscanthus sinensis* (× 1)
21 *Ferula communis* (× 1)
22 *Rodgersia podophylla* (× 1)
23 *Silybum marianum* (× 3)

*Klassische Rabatten*

# Mischrabatten

GEMISCHTE RABATTEN sind ein beliebter Bestandteil der Ziergärtnerei. Sträucher kombiniert mit mehrjährigen Stauden geben dem Beet das ganze Jahr über den Anschein von Beständigkeit und Struktur, auch in den Wintermonaten. Einjährige Pflanzen können jedes Jahr ausgewechselt werden, und so verändert sich die Rabatte regelmäßig. Einjährige füllen mit ihrer Farbenpracht schnell jede Lücke in der Bepflanzung.

## Bepflanzungsplan

1 *Primula* Blue Riband (× 5)
2 *Papaver somniferum* (× 4)
3 *Rosa gallica* var. *officinalis* Versicolor (× 1)
4 *Aruncus dioicus* (× 1)
5 *Pyrus salicifolia* Pendula (× 1)
6 *Delphinium* Fenella (× 2)
7 *Salvia forsskaolii* (× 3)
8 *Veronica* Shirley Blue (× 2)
9 *Geranium* × *riversleaianum* Mavis Simpson (× 1)
10 *Leymus arenarius* (× 1)
11 *Dianthus* Doris (× 3)
12 *Sisyrinchium striatum* (× 4)
13 *Baptisia australis* (× 1)
14 *Salvia forsskaolii* (× 3)
15 *Trifolium rubens* (× 1)
16 *Papaver orientale* Mrs Perry (× 1)
17 *Silene dioica* (× 2)
18 *Lilium regale* (× 3)
19 *Campanula persicifolia* (× 1)
20 *Salvia sclarea* (× 1)
21 *Tanacetum vulgare* (× 5)
22 *Viola cornuta* (× 3)

*Klassische Rabatten*

# Gelb und Violett

DIE FARBE DER BLÜTEN UND DER BLÄTTER hat sowohl auf die Stimmung als auch auf die allgemeine Gestaltung des Gartens Einfluss. Kühle Pastelltöne unterstützen eine romantische Stimmung, während kräftige Farben lebendig und exotisch wirken. Sowohl ein- als auch mehrfarbige Rabatten haben ihren Reiz. Eine einzelne Farbe wirkt sehr eindrucksvoll, doch zwei Komplementärfarben, bzw. gegensätzliche Farben, können ebenfalls bemerkenswerte Effekte erzielen.

## *Bepflanzungsplan*

1 *Ligustrum lucidum* Aureum (× 1)
2 *Asphodeline lutea* (× 3)
3 *Allium hollandicum* (× 6)
4 *Allium cristophii* (× 3)
5 *Helianthus* Lemon Queen (× 1)
6 *Anthemis tinctoria* (× 1)
7 *Oenothera stricta* (× 3)
8 *Rosa glauca* (× 1)
9 *Cynara cardunculus* (× 1)
10 *Lupinus arboreus* (× 1)
11 *Atriplex hortensis* var. *rubra* (× 3)
12 *Kniphofia* Yellow Hammer (× 1)
13 *Lobelia* × *gerardii* Vedrariensis (× 3)
14 *Verbascum olympicum* (× 1)
15 *Heuchera sanguinea* (× 3)
16 *Euphorbia* × *martinii* (× 3)

*oben* Die Form der Beete wirkt durch eine Umrandung mit niedrigen Hecken klarer, und die Pflanzen können nicht wuchern.

*oben* Die Hecken und Wege wirken in diesem Bauerngarten wie ein Teppichmuster. Die niedrige Bepflanzung betont die Formen.

# Formbeete lohnen sich immer. Fast jede Form kann gepflanzt werden, seien es freie und geometrische Formen, doch sollten Blickfänge mit einer niedrigen Hecke umzäunt werden. Runde, geschwungene Beete verleihen dem Garten Eleganz und Charme, während ein Muster Komplexität und Ordnung gleichermaßen vermittelt.

*oben* Eine geschwungene, wellenförmige Linie ist bei einer Rabatte viel interessanter als eine gerade Grenze, besonders in Gärten mit eher zwanglosem Charakter.

*oben rechts* Ein einfaches oder symmetrisches Design mit zentralem Blickfang bringt ein Rundbeet am besten zur Geltung.

*rechts* Eine deutliche Grenze zwischen Rabatte und Rasen betont immer die Umrisse der Rabatte.

*Formbeete*

*oben* Große, gemusterte Flächen wirken am besten, wenn man sie von oben betrachten kann, hier: ein erhöhter Weg hinter dem wunderschönen, gut geplanten Parterre.

*links* Formenrabatten passen hervorragend in einen einfarbigen Garten. In diesem Beispiel passen sich die Formen dem Raum an und nehmen das Muster des Backsteinweges auf.

*unten* Das runde Rosenbeet wird von einem Kiesweg eingefasst: ein pittoreskes Element im Garten. Die gestutzten Hecken innerhalb des Beetes lenken den Blick auf das Vogelbad in der Mitte.

*Formbeete*

# Rundes Beet

DIE MEISTEN denken bei Rabatten oder Beeten an ein langestrecktes Stück kultivierten Bodens. Doch es spricht nichts dagegen, dass ein bepflanzter Raum andere Formen haben könnte. Eine der beliebtesten Formen ist ein rundes Beet inmitten eines Rasens oder von einem Weg umgeben. Die Symmetrie des Kreises passt gut in einen formalen Garten; die klassische Variante sind vier runde Beete. Mit Einjährigen bepflanzt werden sie zu einem lockeren, fröhlichen Ensemble.

## *Bepflanzungsplan*

1 *Allium cristophii* (× 1)
2 *Artemisia alba* Canescens (× 10)
3 *Milium effusum* (× 5)
4 *Rosa* Ballerina (× 5)
5 *Scabiosa caucasica* Clive Greaves (× 5)
6 *Viola*, rosa und blau gemischt (reichlich)

*Formbeete*

# Parterre

Zu einem Parterre scheint eigentlich nur ein Schloss zu passen, doch auch in einem kleinen Garten kann ein Mini-Parterre, das den vorhandenen Platz optimal ausfüllt, hübsch zur Geltung kommen. Ein Parterre ist im Grunde ein förmliches Arrangement von Beeten, die ein mehr oder weniger geometrisches Muster bilden. Die Formen werden durch niedrige Hecken oder Mauern skizziert, der Raum dazwischen wird mit kontrastierenden Farben gefüllt.

## *Bepflanzungsplan*

1 *Buxus sempervirens* Suffruticosa (9 pro m)
2 *Sedum* Herbstfreude
(4 pro qm)
3 *Begonia × carrierei* Red Ascot
(36 pro qm)
4 *Nicotiana langsdorffii* (9 pro qm)
5 *Verbena* Blue Lagoon
(9 pro qm)

*Formbeete*

# Eckbepflanzungen

IN JEDEM GARTEN GIBT ES VERSTECKTE ECKEN, und da sich viele Gärtner über zu wenig Platz beschweren, macht es durchaus Sinn, auch diese Räume zu nutzen. Außerdem kann eine gelungene Eckbepflanzung dem Garten zu einer optischen Einheit verhelfen. Normalerweise nimmt man dafür einfache Bodendecker, doch es kann sehr interessant sein, eine solche Ecke, wie z. B. diese kühl wirkende Rabatte, durchdacht zu gestalten. Jeder Zentimeter zählt.

## *Bepflanzungsplan*

1 *Alchemilla alpina* (× 9)
2 *Euphorbia stricta* (× 4)
3 *Mimulus guttatus* (× 3)
4 *Deschampsia flexuosa* (× 2)
5 *Geranium pratense* Mrs Kendall Clark (× 1)
6 *Alchemilla conjuncta* (× 1)

*links* In Uferbepflanzungen kann man eine verschwenderische Fülle von Laub- und Blütenpflanzen unterbringen. Hier heben sich die weißen Lilien vom frischen, grünen Blätterwerk ab.

*unten* Die *Primula candelabra* passt sich feuchten Bedingungen gut an. Ihre Farbe und Form spiegeln sich im Wasser wieder.

# Spezielle Beete

erzeugen ein einzigartiges Flair und einen unverwechselbaren Charakter. Für besondere Rabatten, ein Beet im Schatten oder die Uferbepflanzung eines Teiches werden oft ganz andere Pflanzen benötigt als für die klassischen Formen.

*rechts* Manche Sumpfpflanzen, wie diese *Iris ensata*, können auch in herkömmlichen Rabatten eingesetzt werden, so lange man sie ausreichend mulcht, um die Erde feucht zu halten.

*unten* Hostas fühlen sich an schattigen Stellen und in Waldesnähe wohl.

*Spezielle Beete*

*linls* Gräser sind vielfältige Pflanzen. Ihr Laub besteht aus einem unendlichen Farben- und Formenreichtum, und sie sind auf Grund ihrer Genügsamkeit in trockenen Rabatten sehr beliebt.

*unten* Sukkulenten, wie diese dornige, kleine Agave, lieben trockene, mediterrane Bedingungen. Vor einem Kieshintergrund kommen sie am besten zur Geltung.

*oben* Versuchen Sie sich zur Abwechslung einmal an einer zarten Farbabstufung, z. B. wie in dieser kühl wirkenden, trockenen grüngelben Rabatte.

*rechts* In regenarmen Gebieten sollte man zu Pflanzen greifen, die größere Trockenheit aushalten. Die Vielfalt solcher Pflanzen beweist, dass ein trockenes Klima nicht gleichbedeutend mit einem langweiligen Garten sein muss.

*Spezielle Beete*

# Teichbepflanzungen

WASSER VERLEIHT EINEM GARTEN immer ein besonderes Flair: das beruhigende Plätschern eines Bächleins oder eines Teiches, fließende Bewegung, raffinierte Reflektionen oder strahlendes Licht sind unwiderstehlich für jeden Gärtner. Ein solches Ambiente verlangt nach einer üppigen Farbenpracht aus Blüten und Blättern. Das Element Wasser bringt eine Atmosphäre der Ruhe in den Garten, die mit anderen Mitteln nicht erreicht werden kann.

## *Material*

| Spaten | Backsteine | Pflanzkörbe für |
| PVC- oder Teichfolie aus Kunst-Kautschuk | Kompost | Pflanzen, die im Teich stehen sollen |
| Sand oder Glaswolle | Humusboden | Pflanzen für das Ufer *(siehe unten)* |
| | Grassoden | |

## *Bepflanzungsplan*

**1** *Iris pseudacorus* Variegata (× 1)
**2** *Iris sibirica* (× 6)
**3** *Ranunculus lingua* (× 5)
**4** *Phalaris arundinacea* (× 3)
**5** *Typha latifolia* (× 3)
**6** *Hosta sieboldiana* var. *elegans* (× 1)
**7** *Hosta tokudama* f. *flavocircinalis* (× 1)
**8** *Mimulus luteus* (× 3)
**9** *Hydrocharis morsus-ranae* (× 3)
**10** *Nymphaea* René Gérard (× 1)
**11** *Primula pulverulenta* (× 2)
**12** *Salix babylonica* (× 1)

*Spezielle Beete*

# Trockenrabatten

WELTWEIT IST EIN ZUNEHMENDER Wassermangel im Boden zu beobachten. Daher ist es eine gute Idee, Pflanzen zu verwenden, die unter trockenen Bedingungen gedeihen. Ihr begrenztes Wachstumsverhalten und ihre Blätterformen geben einer Rabatte eine architektonische Wirkung. Zum Abschluss kann der Boden mit kleinen Steinen gemulcht werden, das hält die Feuchtigkeit im Boden, beugt Unkraut vor und macht die Rabatte pflegeleicht.

## *Geräte und Material*

Spaten

Ramme

Rolle

große Steine als Unterlage

kleine Steine für den Weg

Wegbegrenzung (*nach Wunsch*)

## *Bepflanzungsplan*

1 *Penstemon heterophyllus* (× 5)

2 *Verbena bonariensis* (× 7)

3 *Sedum telephium* subsp. *maximum* Atropurpureum (× 3)

4 *Euphorbia dulcis* Chameleon (× 3)

5 *Agapanthus* Ben Hope (× 1)

6 *Eryngium giganteum* (× 8)

7 *Pennisetum villosum* (× 1)

8 *Allium hollandicum* Purple Sensation (× 7)

9 *Stachys byzantina* (× 3)

10 *Phormium tenax* (× 1)

11 *Sedum* Vera Jameson (× 3)

12 *Stipa gigantea* (× 1)

13 *Artemisia* Powis Castle (× 1)

14 *Asphodeline lutea* (× 3)

15 *Persicaria affinis* (× 5)

16 *Juniperus scopulorum* Skyrocket (× 1)

*Spezielle Beete*

# Waldrabatten

WALDRABATTEN zaubern ein romantisches Bild lieblicher Blumen auf einer weiten, nebeligen Lichtung hervor; eine Umgebung, die in einem normalen Garten nicht denkbar ist. Doch auch im Kleinen kann diese Rabatte Erfolg haben. Sie brauchen nur einen oder zwei schattenspendende Bäume, die für eine Atmosphäre sorgen, in der kleinere Pflanzen den eigentlichen Effekt erzielen. Auch unter einigen hohen Büschen kann man zu einem guten Ergebnis kommen.

## *Geräte und Material*

Spaten     Holzscheite
Ramme     Stöckchen
Roller     Borkenspäne

## *Bepflanzungsplan*

1 *Rosa* Ramona (× 1)
2 *Corylus avellana* (× 1)
3 *Hosta* Tardiana Gruppe Halcyon (× 1)
4 *Geranium × magnificum* (× 3)
5 *Dicentra* Bountiful (× 5)
6 *Iris sibirica* (× 1)
7 *Geranium pratense* (× 1)
8 *Alchemilla mollis* (× 2)
9 *Bergenia* Silberlicht (× 3)
10 *Brunnera macrophylla* (× 1)
11 *Campanula latifolia* (× 1)
12 *Digitalis purpurea* (× 5)
13 *Epimedium × rubrum* (× 1)
14 *Euphorbia amygdaloides* var. *robbiae* (× 3)
15 *Helleborus foetidus* (× 3)
16 *Myosotis sylvatica* (× 3)
17 *Persicaria affinis* (× 3)
18 *Pulmonaria officinalis* (× 3)
19 *Stylophorum diphyllum* (× 2)
20 *Tellima grandiflora* (× 3)

*Spezielle Rabatten*

# Mediterrane Rabatten

IN GEGENDEN, IN DENEN heiße, trockene Sommer üblich sind, sollte man nicht versuchen, eine üppige Rabatte mit wasserliebenden Pflanzen zu besetzen. Eine mediterrane Rabatte, mit bunten Blüten- und Laubpflanzen, stellt die ideale Lösung dar. Winterfeste Pflanzen können sich auch in kälteren Gegenden durchsetzen.

## *Geräte und Material*

Spaten

Ramme

Roller

große Steine für den Untergrund

kleinere Steine für den Weg

## *Bepflanzungsplan*

1 *Veronica* Shirley Blue (× 6)
2 *Cistus × skanbergii* (× 1)
3 *Chamaecyparis lawsoniana* Denbury Blue (× 1)
4 *Althaea officinals* Romny Marsh (× 3)
5 *Onopordum acanthis* (× 3)
6 *Euphorbia characias* (× 1)
7 *Cistus* Anne Palmer (× 2)
8 *Nectoscorda sinulus* (× 25)
9 *Allium uniflorum* (× 25)
10 *Lavandula officinalis* (× 1)
11 *Sedum* Autumn Joy (× 3)
12 *Stachys byzantina* (× 10)
13 *Ballota pseudodictatum* (× 3)
14 *Salvia nemorosa* Superba (× 2)
15 *Lychnis coronaria* (× 1)
16 *Salvia juvisicii* (× 1)
17 *Acaena* Blue Haze (× 12)
18 *Salvia officinalis* Purpurea (× 2)
19 *Linaria purpurea* Springside White (× 1)
20 *Papaver somnifor* (× 5)

*Spezielle Rabatten*

# Schattenrabatten

IN VIELEN GÄRTEN gibt es ein schattiges Plätzchen unter einem Baum oder neben Mauern und Zäunen. Diese Stellen mögen mehr oder weniger schattig sein, aber sie bekommen niemals direkte Sonne. Dies sind die schwierigen Stellen für den Gärtner, denn in der Regel brauchen blühende Pflanzen Sonnenlicht, um sich zu entwickeln. Wenn Sie jedoch die Herausforderung annehmen, dann können Sie auch diese Flächen zu Ihrem Vorteil nutzen.

## *Bepflanzungsplan*

| | |
|---|---|
| **1** *Hosta halcyon* (× 1) | **9** *Tellima grandiflora* (× 3) |
| **2** *Hosta fortunei aureomarginata* (× 1) | **10** *Geranium nodosum* (× 1) |
| **3** *Euphorbia characias* subsp. *wulfenii* (× 1) | **11** *Lamium galeobdolon* (× 3) |
| **4** *Nectaroscordum siculum* (× 10) | **12** *Hemerocallis* Pink Damask (× 1) |
| **5** *Nepeta racemosa* (× 3) | **13** *Drypoteris filix-mas* (× 1) |
| **6** *Tanecetum parthenium* (× 6) | **14** *Carex pendula* (× 1) |
| **7** *Lilium martagon* (× 1) | **15** *Foeniculum vulgare* (× 1) |
| **8** *Smyrmium perfoliatum* (× 5) | **16** *Hyacinthoides non-scripta* (× 10) |

*Spezielle Rabatten*

# Rosenbeete

DIE ROSE IST IMMER NOCH eine der beliebtesten Gartenpflanzen. Sie bringt nicht nur unzählige Blüten, sondern auch den schönsten Duft in den Garten. Rosen sind sehr vielseitig, sie können als Bodendecker, als niedrige, mittlere und hohe Büsche gepflanzt werden oder sich an Säulen oder Spalieren entlangranken. Sie können mit anderen Pflanzen kombiniert werden oder ein eigenständiges Element bilden: den berühmten Rosengarten.

## *Bepflanzungsplan*

1 *Rosa* Pink Grootendorst (× 1)
2 *Salvia greggii* (× 5)
3 *Geranium palmatum* (× 5)

## *Moderne Rosenstauden*

Charles Austin (*aprikot und gelb*)
Constance Spry (*rosa*)
Cottage Rose (*rosa*)
Dark Lady (*dunkelrot*)
English Garden (*gelb*)
Gertrude Jekyll (*rosa*)
Glamis Castle (*weiß*)
Golden Celebration (*gelb*)
Graham Thomas (*gelb*)

Heritage (*rosa*)
L. D. Braithwaite (*purpurrot*)
Mary Rose (*rosa*)
Othello (*purpurrot*)
The Countryman (*rosa*)
Warwick Castle (*rosa*)
Wife of Bath (*rosa*)
Winchester Cathedral (*weiß*)

# Rabattenwege

sprechen alle Sinne an, denn der Besucher kann mitten durch sie hindurchgehen. Dadurch wird er sensibler für das Aussehen, den Duft und die Textur der Pflanzen. Unter Bögen oder Pergolen ist man sogar ganz von ihrem Duft umgyeben. Jeder Gärtner sollte seinen Gästen ermöglichen, ausgedehnt durch die Rabatten zu schlendern.

*oben* Dieser romatische Weg besteht aus einer streng gepflasterten Promenade, die von Buchsbaumhecken gesäumt wird, hinter denen sich Rabatten erstrecken. Darüber wölben sich Bögen, die mit üppigen Rosen und Klematis berankt sind.

*rechts* Hier wurden mit unregelmäßigen Steinen breite Wege angelegt, die von quadratischen und rechteckigen Rabatten, die in üppiger, lebendiger Weise bepflanzt sind, gesäumt werden.

*oben* Dieser ummauerte Garten ist mit althergebrachten Pflanzen aus dem Bauerngarten gestaltet. Der schmale Weg führt den Besucher so dicht an den Pflanzen vorbei, dass er sie berühren und sich an ihrem Duft erfreuen kann.

*Rabattenwege*

*oben* Ein gelungenes, formales Design, das durch seine Einfachheit besticht. Identische Beete gehen in einen Rasenweg über, in dessen Mitte ein kleiner Kanal verläuft. Die gerade Linie und das lebendige Violett und Grün kontrastieren harmonisch.

*unten* Die seidigen Ähren dieses *Hordeum jubatum* sind angenehm anzufassen. Sie stehen in einem klaren Kontrast zu den Cleome.

*oben* Ein geschwungener Weg verleiht dem Garten eine mystische Stimmung. Hier verliert sich der Bogen hinter einer Rabatte und erweckt den Anschein, dass sich dahinter noch mehr verbirgt.

*unten* Hier wurde ein Weg im Weg gebaut, die Steinplatten deuten eine andere Richtung an als der Hauptweg aus Gras; jede Richtung verspricht neue Entdeckungen.

*Rabattenwege*

# Gourmetrabatten

DIE MEISTEN ESSBAREN GARTENERZEUGNISSE kommen aus dem Gemüse- und dem Kräutergarten, doch es gibt viele Pflanzen, die sich auch im Zierbereich des Gartens gut machen. Viele Blumen sind essbar oder können als Dekoration eines Gerichtes dienen. Viele Gemüsesorten sind so dekorativ, dass sie durchaus ihre Berechtigung in einer Rabatte haben. Es macht viel Spaß, eine Rabatte zu entwerfen, die sowohl einen kulinarischen als auch dekorativen Wert hat.

## *Bepflanzungsplan*

**1** *Atriplex hortensis* Rubra
(rotblättriger Spinat: *essbare junge Blätter*) (× 60)
**2** *Calendula officinalis*
(Tagetes: *essbare Blüten*) (× 30)
**3** *Cynara cardunculus*
(*blanchierte Stengel essbar*) (× 6)
**4** *Helianthus annuus*
(Sonnenblume: *essbare Samen*) (× 20)
**5** *Hemerocallis*
(Taglilie: *essbare Blüten*) (× 8)

*Rabattenwege*

# Wege im Bauerngarten

DER PFLANZENREICHTUM in diesem klassischen Bauerngarten hat etwas Wild-Romantisches. Eine wilde Mischung aus Farben und Formen weist auf die typische lockere Bepflanzung hin, wie sie in jedem Garten nachgebildet werden kann. Für ein abwechslungsreiches Ambiete ist dies die richtige Wegbepflanzung.

## *Bepflanzungsplan*

**Für alle Jahreszeiten**
1 *Juniperus communis* Depressa Aurea (× 1)

**Frühlingsblühende**
2 *Erysimum* (× 7)
3 *Forsythia* (× 1)
4 *Narcissus* (× 19)
5 *Primula vulgaris* (× 8)
6 *Tulipa* (× 16)
7 *Viola × wittrockiana* (× 5)

**Sommerblühende**
8 *Achillea ptarmica* Pearl Gruppe (× 3)
9 *Alcea rosea* (× 8)
10 *Alchemilla mollis* (× 6)
11 *Dianthus* Mrs Sinkins (× 6)
12 *Digitalis purpurea* (× 5)
13 *Echinops ritro* (× 3)
14 *Erigeron* Serenity (× 3)
15 *Erodium manescaui* (× 1)
16 *Geranium himalayense* (× 3)
17 *Hemerocallis fulva* (× 3)
18 *Lavandula angustifolia* (× 1)
19 *Lychnis coronaria* (× 3)
20 *Lysimachia punctata* (× 3)
21 *Lysimachia nummularia* Aurea (× 3)
22 *Oenothera biennis* (× 6)
23 *Papaver somniferum* (× 6)
24 *Phlox* Cherry Pink (× 6)
25 *Rosa rugosa* (× 1)
26 *Stachys byzantina* (× 3)
27 *Trollius europaeus* (× 1)
28 *Viola cornuta* (× 3)

*Rabattenwege*

# Duftwege

RABATTEN, DIE AN WEGEN entlang führen, sind sehr beliebt, denn sie bringen dem Betrachter die Pflanzen näher. Das gilt in doppeltem Sinn für duftende Rabatten, denn hier wird sowohl der Geruchs- als auch der Sehsinn stimuliert. Viele Blumen setzen ihren Duft erst bei Berührungen frei. Lavendel und Rosmarin duften sehr kräftig, und ihr Duft hält sich lange in der Luft, auch abseits des Weges.

## Alternative Duftpflanzen

| Duftendes Laub | Duftende Blüten | |
|---|---|---|
| *Lavandula* | *Berberis* | *Mathiola* |
| *Aloysia triphylla* | *Choisya ternata* | *Nicotiana* |
| *Artemisia* | *Convallaria majalis* | *Osmanthus* |
| *Mentha* | *Daphne* | *Philadelphus* |
| *Monarda didyma* | *Dianthus* | *Resedat odorata* |
| *Myrtus communis* | *Erysimum* | *Rhododendron (Azaleen)* |
| *Origanum* | *Hesperis matronalis* | *Rosa* |
| *Rosmarinus* | *Hyacinthus* | *Sarcocoocca* |
| *Salvia officinalis* | *Iris unguicularis* | *Syringa* |
| | *Lathyrus odoratus* | *Viburnum* |
| | *Lilium* | *Viola odorata* |
| | *Lupinus* | |

*Rabattenwege*

# Wege im Hof

IN KLEINEN, GEPFLASTERTEN INNENHÖFEN scheint es keine andere Wahl als das Aufstellen von Topfpflanzen zu geben. Für eine flächigere Bepflanzung eignet sich jedoch ein Hochbeet ausgezeichnet. Es passt genug Erde hinein, um mehreren Pflanzen Nahrung zu geben. Ein Hochbeet eröffnet völlig neue Möglichkeiten für einen differenzierten Bepflanzungsplan des Hofes, und neben einem Weg kann es sogar leicht hängende Pflanzen beinhalten.

## *Geräte und Material*

| | | |
|---|---|---|
| Spaten | Tontöpfe oder Steine | Ziegelsteine oder Betonblöcke |
| Ramme | Grassoden oder Gartenfolie | Balken oder Eisenbahnschwellen |
| Schotter | | (*Fundament nicht notwendig*) |
| Beton | | |

## *Bepflanzungsplan*

1 *Corylus maxima* Purpurea (× 1)
2 *Phormium tenax* Purpureum (× 4)
3 *Heuchera micrantha* var. *diversifolia* Palace Purple (× 8)

*Rabattenwege*

# Rosenspaliere

EIN ERFOLGREICHER GARTEN zeichnet sich auch durch eine Vielfalt von Farben und Formen aus. Ein mit Blumen beranktes Spalier führt das Auge nach oben und könnte die Aufmerksamkeit z. B. auf einen Springbrunnen, eine Bank oder ein besonderes Beet lenken. Ein Spalier kann auch einen Weg säumen. Wenn sich zusätzlich noch duftende Blumen wie z.B. Rosen daran hochranken, könnte es leicht Ihr Lieblingsplatz im Garten werden.

## *Bepflanzungsplan*

1 *Rosa* American Pillar (× 3)
2 *Rosa* Félicité Perpétue (× 2)
3 *Geranium* Johnson's Blue (× 32)
4 *Rosa* Constance Spry (× 2)
5 *Rosa* L.D. Braithwaite (× 3)

## *Andere geeignete Rosen*

| Kletternde und rankende | Stauden |
|---|---|
| Albéric Barbier (*gelb und weiß*) | Charles Austin (*apricot und gelb*) |
| Alister Stella Gray (*gelb und weiß*) | English Garden (*gelb*) |
| Blush Noisette (*rosa*) | Gertrude Jekyll (*rosa*) |
| Cécile Brünner (*blassrosa*) | Glamis Castle (*weiß*) |
| Leverkusen (*zitronengelb*) | Graham Thomas (*gelb*) |
| Maigold (*gelb*) | Heritage (*rosa*) |
| Mme Alfred Carrière (*weiß*) | Mary Rose (*rosa*) |
| New Dawn (*rosa*) | Othello (*purpurrot*) |
| Paul's Himalayan Musk (*blassrosa*) | The Countryman (*rosa*) |
| Paul's Scarlet Climber (*scharlachrot*) | Warwick Castle (*rosa*) |
| Sanders' White Rambler (*weiß*) | Winchester Cathedral (*weiß*) |
| Seagull (*weiß*) | |
| Veilchenblau (*violett*) | |
| Zéphirine Drouhin (*rosa*) | |

# Grundtechnik

**BODENBEARBEITUNG**

Für eine schöne Rabatte ist es sehr wichtig, dass der Boden gründlich vorbereitet wurde. Die schönsten Pflanzen kommen nicht zur Geltung, wenn sie im nächsten Jahr zu sehr mit Unkraut überwuchert sind oder dauerhaft zu wenig Nährstoffe oder Wasser durch den Boden bekommen.

Es ist sehr wichtig, dass zuerst das gesamte Unkraut entfernt wird. Hierbei sollten Sie wirklich gründlich vorgehen. Auch ein kleines, zunächst unauffälliges Wurzelstück eines Unkrauts kann kräftig austreiben, und dann könnte es sein, dass Sie später das gesamte Beet ausheben müssen. Dies gilt es zu vermeiden. Bei einem lockeren Boden kann das Unkraut jäten und das Umgraben gleichzeitig stattfinden. Bei schwerem Boden ist es eventuell nötig, ein Unkrautvernichtungsmittel auszubringen. Graben Sie im Herbst um, und pflanzen Sie im Frühjahr. Vor dem Einpflanzen jäten Sie noch einmal gründlich Unkraut, so dass auch der letzte Rest entfernt wird. In Gegenden, in denen warme Winter vorherrschen, können Sie auch im Frühjahr umgraben und im Herbst pflanzen.

**DOPPELTES UMGRABEN**

Jede Rabatte sollte umgegraben werden, doch gerade bei schwerem Boden sollte doppelt umgegraben werden, damit auch die untere Erdschicht aufgelockert wird. Graben Sie nur trockene Erde um. Während des Umgrabens sollten Sie organischen Dünger einarbeiten. Dadurch wird die Bodenqualität verbessert, der Boden wird mit Nährstoffen für die Pflanzen versorgt und auch tief unten hält die Erde die Feuchtigkeit für die Wurzeln bereit. Lassen Sie den umgegrabenen Boden mehrere Monate ruhen und betreten Sie ihn nicht.

**Doppeltes Umgraben**
*1 Graben Sie ein Loch von 30 bis 45 cm Breite und 30 cm Tiefe und verwahren Sie den Aushub.*

*2 Heben Sie nochmals 30 cm aus, füllen Sie das Loch mit organischem Dünger. Mit dem nächsten Aushub füllen Sie das erste Loch vollständig.*

*3 In dieser Weise graben Sie das ganze Beet um und bringen ausreichend Dünger aus.*

*4 Das letze Loch füllen Sie mit der Erde aus dem ersten.*

## BODENZUSÄTZE

**Gehäckselte oder kompostierte Borke** – idealer Mulch

**Kommerziell hergestellter Dünger** – gute, aber teure Ware

**Stallmist** – guter allgemeiner Dünger, so lange er keine Samen enthält

**Gartenkompost** – guter allgemeiner Dünger, so lange er keine Samen enthält

**Laub** – sehr guter Mulch und Dünger

**Torf** – nicht genügend Nährstoffe und zu schnelle Verrottung

**Seetang** – sehr guter Dünger mit hohem mineralischen Anteil

**Gebrauchter Hopfen** – guter Dünger, aber wenig Nährstoffe

**Gebrauchtes Pilzsubstrat** – guter Dünger und Mulch, aber kalkhaltig

## GARTENKOMPOST

Der einfachste Weg für ausreichenden Dünger ist die Anlage eines Komposthaufens. Dafür können Sie alle Pflanzenteile verwenden, allerdings keine zu holzigen Stämme und keine Unkrautsamen. Geben Sie keine kranken oder befallenen Pflanzen in den Kompost. Holzige Teile sollten geschreddert werden. Ungegarte Gemüseabfälle, z. B. Schalen, eignen sich bestens.

Geben Sie alles, was Sie zum Kompostieren verwenden können, in einen möglichst luftdurchlässigen Behälter. Mischen Sie das Material gut durch. Achten Sie auf ausreichende Feuchtigkeit im Kompostbehälter, aber decken Sie ihn ab, um ihn vor übermäßiger Nässe zu schützen und warm zu halten. Wenden Sie das Kompostgut regelmäßig.

## PLANUNG

Am besten zeichnen Sie Ihr Beet oder Ihre Rabatte vor der Arbeit auf. Wenn Sie eine Rabatte oder einen gesamten Garten anlegen möchten, gibt es allerdings einige Dinge zu beachten, bevor Sie eine Vorlage zeichnen. Überlegen Sie genau, was Sie erreichen wollen: Ob es eine pflegeleichte Rabatte sein soll, ein buntes, fröhliches oder ein romantisches Beet, oder ob es viele Schnittblumen oder hauptsächlich Laubpflanzen enthalten soll. Dann überlegen Sie, welchen Standort die Rabatte haben wird. Ist es dort sonnig und trocken oder schattig und nass? Ist der Boden sauer oder alkalisch, schwer oder sandig? All diese Faktoren beeinflussen die Pflege und vor allem die Wahl der Pflanzen. Wenn Sie z. B. einen kalkhaltigen Boden an der geplanten Stelle haben, können Sie keine Rhododendren in die Rabatte setzen.

Als nächstes sollten Sie überlegen, mit welchen Pflanzen Sie den gewünschten Efekt erzielen können. Schauen Sie sich in anderen Gärten und auch in Fachmärkten um und notieren Sie sich alles. Bedenken Sie dabei auch die saisonalen Unterschiede der Pflanzen. Wenn Sie eine Liste von Pflanzen zusammengestellt haben, bringen Sie in Erfahrung, welche der Pflanze Sie in Ihrer Gegend bekommen können, und richten Sie Ihre Liste danach aus. Zeichnen Sie die Rabatte auf Millimeterpapier auf und und bedenken Sie beim Einzeichnen der Pflanzen deren spätere Größe (s. unten). Achten Sie auf passende Farben und zeichnen Sie das Beet für jede Saison einmal extra, um einen guten Eindruck zu bekommen. Auf dem Papier sind Probleme so viel leichter zu lösen als später im Beet.

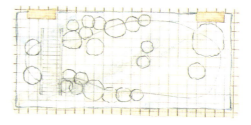

## BEPFLANZUNG

Entfernen Sie mit vorsichtigem Rechen des Beetes das restliche Unkraut. Wenn Sie im Herbst nur wenig gedüngt haben, können Sie jetzt etwas Dünger einarbeiten. Suchen Sie sich zum Einpflanzen einen Tag mit gemäßigtem Wetter aus und achten Sie darauf, nicht in einen nassen Boden zu pflanzen. Büsche und Bäume pflanzen Sie am besten vom Spätherbst bis zum Frühling. Mehrjährige werden entweder im Herbst oder im Frühjahr gepflanzt. Einjährige sollten Sie nicht vor dem letzten Frost einsetzen, sonst werden Sie keine Freude daran haben.

Arrangieren Sie zunächst alle Topfpflanzen auf dem Beet (s. unten) nach Ihrem Geschmack, damit Sie wissen, wie Ihr Beet später aussieht und Sie einen tatsächlichen optischen Eindruck erhalten. Jetzt ist Ihre letzte Möglichkeit da, das Arrangement

*Grundtechnik*

noch zu ändern, gekommen. Sind Sie mit der Planung zufrieden, beginnen Sie mit dem Einsetzen der Pflanzen.

Graben Sie jedes Loch breiter als den Wurzelballen der Pflanze und so tief, wie der Topf hoch ist. Bei nacktwurzeligen Gewächsen pflanzen Sie sie genauso tief, wie sie im Pflanztopf eingesetzt waren. Wenn die Wurzeln am Topf festgewachsen sind, lösen Sie sie vorsichtig ab und ziehen sie vor dem Einsetzen auseinander. Sie können auch den

Pflanztopf wegschneiden. Setzen Sie die Pflanze ein, füllen das Loch auf und drücken die Erde fest.

Beim Einpflanzen von Büschen und Bäumen heben Sie ebenfalls ein größeres Loch als den Umfang des Ballens aus und geben reichlich organischen Dünger hinein. Mischen Sie auch etwas davon unter die Erde, die Sie später zum Auffüllen nehmen. Wenn Sie einen Baum hochbinden wollen,

treiben Sie den Pfahl vor dem Einpflanzen in die Erde, damit Sie später die Wurzeln nicht beschädigen.

## MULCH AUFBRINGEN

Wenn Sie alle Pflanzen eingesetzt haben, gießen Sie sie gut an, glätten die Oberfläche und bringen Mulch auf. Der Mulch ist wichtig im Garten; er erhält die Feuchtigkeit, unterdrückt Unkraut, bewahrt die Erde vor dem Verhärten and bildet u. U. einen schönen Hintergrund für die Pflanzen.

Mulch kann organisch oder anorganisch sein. Rindenmulch, Laub, Pilzsubstrat, Rasenschnitt und Stroh sind organisch. Die letzten beiden sind nicht unbedingt etwas

fürs Auge, können aber z. B. hinter Rabatten benutzt werden. Anorganische Mulche sind z. B. Gartenfolie, die jedoch mit Erde oder Kieselsteinen verkleidet werden sollte, Kies und Kieselsteine. Kies eignet sich gut für Steingärten und trockene Rabatten.

## PFLEGE

Die schönsten Rabatten sind die gut gepflegten, Arbeiten wie Hochbinden, Beschneiden und Gießen sollten in die Planung mit einbezogen werden.

**Gartenzwirn**
*Eine vielseitige, flexible Hilfe, die um Pflanzen herumgeführt und zusammengebunden werden kann, gerade bei schwachen Pflanzen von Nutzen. Der Zwirn kann leicht wieder entfernt werden.*

**Netze**
*Die Unterstützung mit einem Netz ist eine dauerhafte Einrichtung. Die Pflanzen wachsen über das Netz hinaus und verdecken es vollständig.*

**Schnüre und Stöckchen**
*Stöckchen, die mehrfach mit Schnüren verbunden werden, sind zur vorübergehenden Unterstützung bei größeren, ausladenden Stauden nützlich.*

*Grundtechnik*

## HOCHBINDEN

Pflanzen, die kopflastig sind oder leicht umgeweht werden können, sollten lieber hochgebunden werden. Hohe, aber dünnere Blumenstängel, wie z. B. Rittersporn, können an einzelnen Stöcken hochgebunden werden. Blumenbüschel sollten mit Gartenzwirn

**Hochbinden von Bäumen**
*Setzen Sie ganz unten eine Schlinge, um den Baum zu unterstützen. Das reicht aus, bis der baum stark genug ist, um selbst zu stehen.*

**Sträucher hochbinden**
*Sträucher brauchen einen höheren Pfahl als Bäume und zwei Schlingen (hier sehen Sie die erste Schlinge, die recht hoch angesetzt wird).*

zusammengebunden oder durch ein Netz gestützt werden. Binden Sie Pflanzen noch während des Wachstums hoch, warten Sie nicht, bis sie umgeweht werden.

Bäume und Sträucher sollten an einen oder zwei Pfähle gebunden werden. Bei den meisten Bäumen genügt ein Pfahl, der 30 cm aus dem Boden ragt. Für normale und dünne Bäume nehmen Sie am besten einen höheren Pfahl und befestigen sie doppelt.

## RÜCKSCHNITT

Abgestorbene Blüten sollten Sie immer abschneiden, außer Sie wollen die Samen sammeln oder als Dekoration verwenden. Viele Mehrjährige, wie z. B. Katzenminze, Frauenmantel und Mohn, sollten nach der Blüte ebenerdig zurückgeschnitten werden, damit die Pflanze neu austreibt und blüht.

## GIESSEN

Achten Sie darauf, dass die Erde beim Gießen gut durchfeuchtet wird. Gießen Sie niemals in der Sonne. Zusätzliche Nährstoffe werden überflüssig, wenn Sie regelmäßig mulchen. Den organischen Mulch arbeiten Sie im Herbst unter und bedecken ihn mit einer Schicht Stallmist oder Gartenkompost. Im Frühling arbeiten Sie diese wiederum unter und bringen wieder den Mulch aus.

## UNKRAUT JÄTEN

Entfernen Sie jegliches Unkraut, sobald Sie es entdecken. Bei einer gewissenhaften Bearbeitung ist es möglich, in einer Rabatte das Unkraut von Hand zu entfernen. Chemische Unkrautvernichter sollten nach Möglichkeit nicht eingesetzt werden.

## PFLEGE IM HERBST

Die meisten Mehrjährigen sollten im Herbst oder Frühjahr zurückgeschnitten werden. Wenn Sie im Herbst die möglichen Arbeiten ausführen, haben Sie im Frühjahr weniger zu tun.

## BESCHNEIDEN

Zierbäume und immergüne Stächer müssen i.d.R. nicht beschnitten werden, außer um abgestorbenes Gehölz zu entfernen. Doch die meisten Laubbäume brauchen ständige Aufmerksamkeit. Sicherlich ist das

**Entfernen von altem und schwachem Holz**
*Ein Busch wie dieser sollte regelmäßig beschnitten werden. Totes und schwaches Holz und einiges vom alten Wuchs sollte entfernt werden.*

**Der richtige Schnitt**
*Für die Gesundheit der Pflanze ist der richtige Schnitt wichtig. Er sollte schräg über einer Knospe ausgeführt werden (oben, ganz links).*

99

*Grundtechnik*

Beschneiden eine recht radikale Maßnahme. Auf den ersten Blick scheint man die Pflanze regelrecht zu verstümmeln. Es geht aber darum, die Pflanze gesund und kräftig zu halten, damit sie später schöne Blätter und Blüten hervorbringt. Um das Wachstum anzuregen, sollte jährlich etwa ein Drittel des alten Holzes zurückgeschnitten werden. Das Beschneiden findet direkt nach der Blüte statt. Kranker, schwacher und toter Wuchs sollten ebenfalls entfernt werden. Beschneiden Sie immer schräg kurz oberhalb einer Knospe.

**AUSSAAT**
Sie können direkt in die Rabatte aussäen oder Pflanzen in Töpfen vorziehen.

**Direkte Aussaat: Einjährige**
*Wenn die Pflanzen büschelweise stehen sollen, markieren Sie die Stellen mit feinem Sand.*

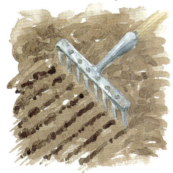

**Direkte Aussaat: Mehrjährige**
**1** *Graben Sie den Boden gut um und bereiten Sie durch feines Harken eine lockere Erdschicht vor.*

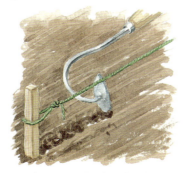

**2** *Ziehen Sie mit der Hacke schmale Furchen. Bei Bedarf spannen Sie Schnüre, um die Saatrillen genau ziehen zu können.*

**3** *Wässern Sie die Furchen ein wenig. Das macht den Grund stabil und sorgt für ausreichende Feuchtigkeit rund um die Samen.*

**4** *Säen Sie den Samen gleichmäßig in die Furchen. Nehmen Sie nicht zu viele, Samen brauchen viele Nährstoffe.*

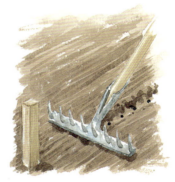

**5** *Schütten Sie die Furchen wieder mit Erde zu und gießen sie an.*

**DIREKTE AUSSAAT**
Wenn Sie Einjährige direkt in die Rabatte säen wollen, bereiten Sie durch feines Rechen eine lockere Erdschicht vor. Wenn Sie mehrere Blumen in Gruppen stehen haben wollen, markieren Sie diese Stellen vorher mit Sand. Streuen Sie die Samen auf die betreffenden Stelle und harken Sie sie unter. Gießen Sie mit einem feinen Sprühaufsatz. Wenn Sie Mehrjährige aussäen, ziehen Sie schmale Furchen, streuen die Samen hinein, schütten die Furchen mit Erde zu und gießen sie an.

*Grundtechnik*

**AUSSAAT IM TOPF**

Wenn Sie nur wenige Pflanzen brauchen oder diese in gemäßigterer Temperatur ausgesät werden müssen, dann säen Sie in einen Topf. Nehmen Sie Saaterde, füllen Sie den Topf auf, stoßen Sie ihn immer wieder auf und füllen nach. Drücken Sie die Erde fest, säen dünn aus, decken mit feinem Kies oder Kompost ab und gießen vorsichtig an. Viele der Einjährigen lieben warme Bedingungen wie in einem Gewächshaus, doch Mehrjährige brauche kaum Wärme und

**Blumenzwiebeln pflanzen**
*Das Loch für eine Zwiebel sollte i.d.R. drei Mal so tief sein wie die Blumenzwiebel hoch ist.*

**Aussat im Topf**
*Verteilen Sie die Samen im Topf und bedecken sie mit Kompost oder feinem Kies, je nach dem, was für die Pflanze empfohlen wird.*

**Aussat in einer Schale**
*Wenn die Sprösslinge gut zu sehen sind, vereinzeln Sie sie für den weiteren Wuchs in eigene Töpfe.*

können draußen an einer geschützen Stelle stehen. Halten Sie den Topf feucht. Wenn die Stecklinge zum Vorschein kommen, vereinzeln Sie sie in andere Töpfe. Zartere Stecklinge sollten im Freien etwas abgehärtet werden, bevor sie, nach dem letzten Frost, ins Freiland kommen.

**BLUMENZWIEBELN**

Blumenzwiebeln von Frühjahrsblühenden werden im Herbst gepflanzt, die von Sommer- und Herbstblühenden im Frühjahr. Das Pflanzloch sollte drei Mal so tief sein wie die Zwiebel hoch ist. Kaufen Sie Blumenzwiebeln entweder mit Grün, frisch ausgegraben oder eingepflanzt in Töpfe. Schneeglöckchen sollten möglichst immer mit Grün gekauft werden, während Alpenveilchen am besten im Topf erworben werden. Viele Pflanzen erweisen sich schnell als pflegeleicht, dies sind häufig naturbelassene Blumenzwiebeln, die im Gras oder unter Bäumen keimen durften. Wenn die Pflanzen nach einigen Jahren zu wuchern anfangen, graben Sie sie aus und vereinzeln sie.

**PFLANZENKAUF**

In den meisten großen Gartencentern bekommen Sie mittlerweile viele Sorten, doch Fachgeschäfte haben Ihnen mehr zu bieten, nicht zuletzt eine ausführliche Beratung. Viele Geschäfte verschicken auch Samen per Post. Auch im Internet sind einige Versender bereits etabliert. Bestellen Sie die gewünschten Samen und Pflanzen frühzeitig und vergewissern Sie sich, wann diese bei Ihnen zu Hause ankommen werden. Nehmen Sie beim Kauf einer Pflanze nicht einfach die Größte in der Annahme, es sei auch die beste. Dem ist nicht so. Eine mittelgroße Pflanze, frei von Krankheiten und Schädlingen, ist meistens am besten geeignet. Kaufen Sie keine Töpfe, die komplett durchwurzelt sind (unten).

Alternativ zum Kauf können Sie sich Pflanzen auch selbst aus Samen ziehen, durch Vermehrung oder aus Ablegern gewinnen; das ist billiger, aber es dauert auch länger. Seltene Pflanzen gibt es oft ohnehin nur in Form von Samen.

101

# Nützliche Adressen

Im Folgenden finden Sie eine Auswahl von Adressen einiger Verbände und Institutionen, die Ihnen bei Fragen gerne weiterhelfen und Ihnen auch Informationsmaterial zukommen lassen, z.T. erhalten Sie dort auch Listen von empfohlenen Händlern.

Arbeitsgemeinschaft der gärtnerischen Arbeitgeberverbände e.V.
Godesberger Allee 142-148,
53175 Bonn
Tel.: (0228) 8100217
Fax: (0228) 8100248

Arbeitsgemeinschaft Deutscher Junggärtner e.V. (AdJ)
Gießener Str. 47,
35305 Grünberg
Tel.: (06401) 910150
Fax: (06401) 910178

Bayerische Landesanstalt für Weinbau und Gartenbau (LWG)
Residenzplatz 3,
97070 Veitshöchheim
Postfach: 11 02 64,
97029 Veitshöchheim
Tel.: (0931) 305090
Fax: (0931) 3050977

Bayerischer Gärtnerei-Verband e.V.
Hirschgartenallee 19,
80639 München
Postfach: 380165,
80614 München
Tel.: (089) 178670
Fax: (089) 1786799

Bayerischer Landesverband für Gartenbau und Landespflege e.V.
Herzog-Heinrich-Straße 21,
80336 München
Tel.: (089) 544305-0
Fax: (089) 5328841

Bund deutscher Baumschulen e.V. (BdB
Bismarckstr. 49,
25421 Pinneberg
Tel.: (04101) 20590
Fax: (04101) 205931

Bundesverband Deutscher Gartenfreunde e.V. (BDG)
Steinerstr. 52,
53225 Bonn
Tel.: (0228) 473036
Fax: (0228) 476379

Bundesverband Deutscher Samenkaufleute und Pflanzenzüchter e.V. (BDSP)
Rheinallee 4a,
53173 Bonn
Tel.: (0228) 364423
Fax: (0228) 364533

Bundesverband Einzelhandelsgärtner (BVE)
Godesberger Allee 142-148,
53175 Bonn
Tel.: (0228) 8100230
Fax: (0228) 8100248

Deutsche Gartenbau-Gesellschaft 1822 e.V. (DGG)
Webersteig 3,
78462 Konstanz
Tel.: (07531) 15288
Fax: (07531) 26530

Gartenbaukammer Bremen
Paul-Feller-Str. 25,
28199 Bremen
Tel.: (0421) 536410
Fax: (0241) 552182

Hessischer Gärtnereiverband e.V.
An der Festeburg 31,
60389 Frankfurt am Main
Tel.: (069) 471020
Fax: (069) 476811

Institut für Gemüse- und Zierpflanzenbau e.V. (IGZ
Th.-Echtermeyer-Weg 1,
14979 Großbeeren
Tel.: (033701) 78131
Fax: (033701) 55391

Landesanstalt für Gartenbau
Th.-Echtermeyer-Weg 1,
14979 Großbeeren
Tel.: (033701) 5270
Fax: (033701) 57591

Landesverband der Gartenfreunde Berlin e.V
Spandauer Damm 274,
14052 Berlin
Tel.: (030) 300932-0
Fax: (030) 300932-69

Landesverband Gartenbau Brandenburg e.V.
Kemnitzer Chaussee 138-140,
14542 Werder

*Nützliche Adressen*

Tel.: (03327) 42560
Fax: (03327) 42958

Landesverband Gartenbau
im Saarland e.V.
Heinestr. 26,
66121 Saarbrücken
Tel.: (0681) 684913
Fax: (0681) 684923

Landesverband Gartenbau
Niedersachsen e.V.
Johannssenstr. 10,
30159 Hannover
Tel.: (0511) 363929
Fax: (0511) 328847

Landesverband Gartenbau
Rheinland e.V.
Amsterdamer Str. 206,
50735 Köln
Tel.: (0221) 715100
Fax: (0221) 7151031

Landesverband Gartenbau
Sachsen e.V.
Scharfenberger Str. 67,
01139 Dresden
Tel.: (0351) 8491619
Fax: (0351) 8491623

Landesverband Gartenbau
Sachsen-Anhalt e.V.
Maxim-Gorki-Str. 13,
39106 Magdeburg
Tel.: (0391) 5613867
Fax: (0391) 5613867

Landesverband Gartenbau
Thüringen e.V.
Kühnhäuser Straße 214a,
99195 Erfurt
Tel.: (0361) 7482180
Fax: (0361) 7482181

Landesverband Gartenbau
und Landwirtschaft Berlin-
Brandenburg e.V
Boelckestr. 117,

12101 Berlin
Tel.: (030) 7863763
Fax: (030) 7865085

Landesverband Gartenbau
Westfalen-Lippe e.V.
Germaniastr. 53,
44379 Dortmund
Tel.: (0231) 9610140
Fax: (0231) 96101490

Nordwestdeutscher
Gartenbauverband e.V.
(NGV)
Paul-Feller-Str. 25,
28199 Bremen
Tel.: (0421) 536410
Fax: (0421) 552182

Sächsische Landesanstalt für
Landwirtschaft (LfL)
August-Böckstiegel-Straße 1,
01326 Dresden
Tel.: (0351) 26120

Sondergruppe Stauden -
Bund deutscher
Staudengärtner (BdS)
Gießener Str. 47,
35305 Grünberg
Tel.: 06401/910155
Fax: 06401/910191

Staatliches Amt für
Landwirtschaft und
Gartenbau mit Fachschule
für Landwirtschaft
Großenhain
Remonteplatz 2,
01558 Großenhain
Tel.: (03522) 31130
Fax: (03522) 311333

Verband Badischer
Gartenbaubetriebe e.V.
Haus des Badischen
Gartenbaus
Alte Karlsruher Str. 8,
76227 Karlsruhe

Tel.: 0721/944807
Fax: 0721/9448080

Verband Deutscher Garten-
Center e.V. (VDG)
Borsigallee 10,
53125 Bonn
Tel.: (0228) 9181923
Fax: (0228) 9181925

Verein Bildungsstätte des
Deutschen Gartenbaues
Godesberger Allee 142-148
53175 Bonn
Tel.: 0228/8100216
Fax: 0228/8100248

Verb. Rheinischer Baum-
schulen im Landesverband
Gartenbau Rheinland e.V.
Postfach: 680209,
50705 Köln
Tel.: (0221) 7151021
Fax: (0221) 7151031

Vereinigung Deutscher
Blumenmärkte (VDB)
Godesberger Allee 142-148,
53175 Bonn
Tel.: 0228/8100227
Fax: 0228/8100248

Württembergischer
Gärtnereiverband e.V.
Neue Weinsteige 160,
70180 Stuttgart
Tel.: (0711) 644950
Fax: (0711) 609694

Diese Liste erhebt keinen
Anspruch auf Vollstän-
digkeit, sie ist lediglich als
kleine Hilfestellung für den
Gärtner gedacht. Die
Adressangaben entsprechen
dem Zeitpunkt der
Drucklegung dieses Buches.

# Danksagung

Die Herausgeber bedanken sich bei den folgenden Illustratoren für ihre Zeichnungen in diesem Buch: Elizabeth Pepperell, Martine Collings, Tracy Fennell, Valerie Hill, Stephen Hird, Sarah Kensington, Amanda Patton, Lizzie Sanders, Helen Smythe und Ann Winterbotham.

Ebenfalls bedanken sich die Herausgeber bei folgenden Gartenbesitzern und - bsitzerinnen für ihre Hilfe: Axletree Garden and Nursery, Peasmarsh, East Sussex; Bates Green, Arlington, East Sussex; Beth Chatto Gardens, Elmstead Market, Essex; Hailsham Grange, Hailsham, East Sussex; King John's Lodge, Etchingham, East Sussex; Merriments Garden, Hurst Green, East Sussex; Queen Anne's, Goudhurst, Kent; Rogers Rough, Kilndown, Kent; Upper Mill Cottage, Lodse, Kent; Hadspen Garden and Nursery, Castle Cary, Somerset; Cinque Cottage, Ticehurst, East Sussex; Sticky Wicket Garden, Buckland Newton, Dorset; Snape Cottage, Chaffeymoor, Dorset; Grace Barrand Design Centre, Nutfield, Surrey; Holkham Hall Garden Centre, Holkham, Norfolk; Wyland Wood, Robertsbridge, East Sussex; Long Barn, Kent; and Hatfield House, Hertfordshire.

Die Fotografien in diesem Buch stammen von Stephen Robson mit Ausnahme der folgenden von Jerry Harpur:
(o = oben, u = unten, r = rechts, l = links) S. 34 or, ul, Mitte r, ur; S. 35 ur; S. 74 ol; S. 75 ol, or, ur; S. 104; S. 111

# Register

Die *kursiv* gesetzen Seitenzahlen verweisen auf Illustrationen.

**PFLANZENLISTE**

**A**
*Acaena* 45
 *A. saccaticupula* Blue Haze *62 ff.*
*Achillea clavennae* 46
 *A. filipendulina* Gold Plate *10 ff.*
 *A. millefolium* Cerise Queen *10 ff.*
 *A. ptarmica* Pearl Gruppe *16*, *80 ff.*
*Agapanthus* Ben Hope *54 ff.*
 *A.* Bressingham Blue *11 f.*, *64*
*Agave* 49
*Alcea rosea* 80 ff.
 *A. rugosa* *14 ff.*
*Alchemilla* 99
 *A. alpina* 44 f.
 *A. conjuncta* 44 f.
 *A. mollis* *10 ff.*, *58 ff.*, *68*, *80 ff.*, 86
 *A. cristophii* *30 ff.*, *36 ff.*
 *A. hollandicum* *30 ff.*

*A. h.* Purple Sensation *54 ff.*
*A. schoenoprasum* (Schnittlauch) 8, *42*, 86
*A. unifolium* *62 ff.*
*Aloysia triphylla* 84
*Alternanthera* Aurea Nana *18 ff.*
 *A.* Brilliantissima *18 ff.*
*Althaea officinalis* Romney Marsh *62 ff.*
*Anaphalis margaritacea* 16
*Androsace carnea* subsp. *laggeri* 46
*Anemone hupehensis* var. *japonica* Prinz Heinrich *14 ff.*
 *A. hybrida* *80 ff.*
 *A. hybrida* Honorine Jobert *16*
 *A. nemorosa* 60, 67
 *A. tinctoria* *30 ff.*
*Antirrhinum* 41
 *A. majus* His Excellency *14 ff.*
 *A.* White Wonder *16*
 *A.* Yellow Triumph *11 ff.*
Äpfel 78
*Aquilegia* 9
 *A.* Crimson Star *10 ff.*
 *A. flabellata* 32
*Argyranthemum* Jamaica

Primrose *11 f.*
*Armeria juniperifolia* 46
*Artemisia* 84
 *A. alba* Canescens *36 ff.*
 *A. caucasica* 86
 *A.* Powis Castle *16*, *24*, *54 ff.*
*Arum italicum* 67
*Aruncus dioicus* *26 ff.*, 67
*Asphodeline lutea* *10 ff.*, *30 ff.*, *54 ff.*
*Aster alpinus* 46
 *A. ericoides* Blue Star *11 f.*
 *A.* × *frikartii* 32
 *A.* × *f.* Mönch *11 f.*
 *A. novae-angliae* Andenken an Alma Pötschke *14 ff.*, *80 ff.*
 *A. novi-belgii* *80 ff.*
 *A. n.* Carnival *14 ff.*
*Astilbe* 67
 *A.* × *arendsii* Fanal *14 ff.*
 *A. chinensis* var. *pumila* *10 ff.*
*Atriplex hortensis* var. *rubra* (Spinatpflanze) *14 ff.*, *30 ff. 76 f.*
*Aubrieta* Joy 46
*Azalee* s. *Rhododendron*

104

*Register*

**B**

*Ballota pseudodictamnus
62 ff.*

*Baptisia australis 11 f.,
26 ff.*

*Begonie 41*

*B.* × *carrierei* Red Ascot
*40 ff.*

*Berberis 84*

*Bergenia* Silberlicht *58 ff.*

Birnen 78

*Borago officinalis*
(Borretsch) 77

Brunnenkresse
*s. Tropaeolum majus*

*Brunnera macrophylla 58 ff.*

Buchsbaum *s. Buxus*

*Buddleja davidii 80 ff.*

*Bupleurum falcatum 11 f.*

*Buxus* (Buchsbaum) 37, 41

*B. sempervirens*
Suffruticosa *40 ff.*

**C**

*Calendula officinalis*
(Ringelblume) *76 f.*

*Callistemon citrinus 64*

*Camellia japonica 68*

*Campanula carpatica 46*

*C. lactiflora 11 f.*

*C. latifolia 58 ff.*

*C. persicifolia 26 ff.*

*C. portenschlagiana 11 f.*

*Canna* Orange
Perfection *32*

*Cardiocrinum giganteum 67*

*Carex pendula 66 ff.*

*Centranthus ruber 14 ff.*

*Chamaecyparis lawsoniana*
Denbury Blue *62 ff.*

*Choisya ternata 84*

*Cistus* Anne Palmer *62 ff.*

*C.* × *skanbergii 62 ff.*

*Clematis 74*

C. Marie Boisselot *16*

*Cleome 75*

*Convallaria majalis 60,* 67,
84

*Convolvulus althaeoides 46*

*Cordyline australis 18 ff.,
64*

*Cornus canadensis 67*

*C. controversa* Variegata
*22 ff.*

*Corydalis flexuosa 67*

*Corylus avellana 58 ff.*

*C. maxima* Purpurea
*88 ff.*

*Cosmos* Purity *16*

*Crinum* × *powellii 14 ff.*

*Crocosmia* × *crocosmiiflora*
Emily McKenzie *32*

*C.* × *crocosmiiflora*
Solfaterre *22 ff.*

*C. masoniorum 80 ff.*

*Cyclamen 101*

*C. coum 60,* 67

*C. hederifolium 68*

*Cynara cardunculus
30 ff., 76 f.*

**D**

*Dahlia* Betty Bowen *14 ff.*

D. Bishop of Llandlaff *32*

*Daphne 84*

*D. tangutica 46*

*Delphinium 11 f., 32,* 99

*D.* Fenella *26 ff.*

*Deschampsia flexuosa 44 f.*

*Deutzia* × *elegantissima
14 ff.*

*Dianthus* (Nelken) 84, 86

*D.* Annabel *46*

*D. chinensis* Firecarpet
*14 ff.*

*D.* Doris *26 ff.*

*D.* Gran's Favourite *86*

*D.* Haytor White *16,* 86

*D.* Inchmery *24*

*D.* Laced Monarch *86*

*D.* Little Jock *46*

*D.* Mrs. Sinkins *80 ff.,* 94

*Dicentra* Bountiful *58 ff.*

*Digitalis* (Fingerhut) *9*

*D. purpurea 58 ff., 8 ff.*

*D. p.* Alba *16*

*Doppelhörnchen 41,* 71

*Dryopteris filix–mas 66 ff.*

*Dudleya farinosa* 18 ff.

**E**

*Echeveria elegans 18 ff.*

*E. pulvinata 18 ff.*

*E. secunda* var. *glauca 18 ff.*

*Echinacea purpurea 14 ff.*

*Echinops ritro 11 f., 80 ff.*

*Epilobium angustifolium*
Album *16*

*Epimedium* × *rubrum 58 ff.*

*E.* × *versicolor* Sulphureum
68

*Eranthis hyemalis 60,* 67

Erbsen 77

*Eremurus* subsp.
*tenophyllus 10 ff.*

*Erigeron 45*

*E.* Serenity *80 ff.*

*Erinus alpinus 46*

*Erodium corsicum 46*

*E. manescaui 80 ff.*

*Eryngium alpinum 11 f.*

*E. giganteum 54 ff., 64*

*E.* × *tripartitum 32*

*Erysimum 80 ff., 84*

*Euphorbia amygdaloides 67*

*E. a.* var. *robbiae 58 ff., 68*

*E. characias 62 ff.*

*E.c.* subsp. *wulfenii 22 ff.,
64, 66 ff.*

*E. dulcis* Chameleon
*22 ff., 54 ff.*

*E. griffithii* Fireglow
*10 ff., 32*

*E.* × *martinii 30 ff.*

*E. myrsinites 46*

*E. stricta 44 f.*

*Exochorda* × *macrantha* The
Bride *16*

**F**

*Färberkamille 71*

*Ferula communis 22 ff.*

*Filipendula rubra 14 ff.*

*Fleißiges Lieschen 41*

*Foeniculum vulgare 66 ff.*

*Forsythie 80 ff.*

*Fragaria 71*

Französische Bohnen 78

**G**

*Galanthus nivalis*
(Schneeglöckchen) *59,*
60, 67, *101*

*Garrya elliptica 68*

Geißblatt *s. Lonicera*

*Gentiana septemfida 46*

105

*Register*

*Geranien* 71, 99
  G. Ann Folkard *14 ff.*
  G. *cinereum* subsp.
    *subcaulescens 46*
  G. *himalayense 80 ff.*
  G. Johnson's Blue
    *11 f., 92 ff.*
  G. *macrorrhizum 22 ff., 68*
  G. × *magnificum 22 ff.,
    58 ff.*
  G. *nodosum 66 ff.*
  G. *palmatum 22 ff., 70 ff.*
  G. *pratense 58 ff.*
  G. *p.* Mrs Kendall Clark
    *44 f.*
  G. *psilostemon 14 ff.*
  G. × *riversleaianum* Mavis
    Simpson *26 ff.*
  G. *sanguineum 94*
  G. *s.* Album *86*
*Geum* Borisii *32*
Gräser 23, 31, 49, 64
Grüne Bohnen 78
*Gypsophila paniculata*
  Bristol Fairy *16*

**H**
*Hedera* (Efeu) 67
*Helenium autumnale
  10 ff.*
*Helianthemum* Annabel *46*
*Helianthus annuus*
  (Sonnenblume) *76 f.,
  80 ff.*
  H. Lemon Queen *30 ff.*
  H. Loddon Gold *10 ff.*
*Heliotropium arborescens*
  P. K. Lowther *38*
*Helleborus foetidus 58 ff.*
  H. *orientalis 67*
*Hemerocallis* (Taglilie) *76 f.*
  H. *fulva 80 ff.*
  H. Marion Vaughn
    *10 ff.*
  H. Pink Damask *66 ff.*
*Hesperis matronalis 84*
*Heuchera micrantha* var.
  *diversifolia* Palace Purple
    *22 ff., 88 ff.*
  H. *sanguinea 30 ff.*
*Hordeum jubatum 75*
*Hosta* 23, *48*

*H. fortunei aureomarginata
  66 ff.*
  H. *halcyon 66 ff.*
  H. *lancifolia 22 ff.*
  H. *sieboldiana* var. *elegans
    50 ff.*
  H. Tardiana Gruppe
    Halcyon *22 ff., 58 ff.*
  H. *tokudama* f.
    *flavocircinalis 50 ff.*
*Houttuynia cordata* 67
*Hyacinthoides hispanica*
  68
  H. *non-scripta* 60, *66 ff.*
Hyazinten 84
*Hydrocharis morsus-ranae
  50 ff.*
*Hypericum olympicum*
  Citrinum *46*

**I**
*Iris ensata 48*
  I. *foetidissima* 67
  I. *pseudacorus* Variegata
    *50 ff.*
  I. *sibirica 22 ff., 50 ff.,
    58 ff.*
  I. *unguicularis* 84

**J**
*Juniperus communis*
  Compressa *46*
  J.c. Depressa Aurea *80 ff.*
  J. *scopulorum* Skyrocket
    *54 ff.*

**K**
*Kirengeshoma palmata* 67
*Kniphofia* Painted Lady
  *22 ff.*
  K. Percy's Pride *10 ff.*
  K. Yellow Hammer
    *11 f., 30 ff.*
Kohl *42*
Kopfsalat *42,* 77
Kürbis 78

**L**
*Lamium galeobdolon 66 ff.*
  L. *maculatum* White
    Nancy *16*
*Lathyrus odoratus* 84

L. *vernus* 67
*Lavandula* (Lavendel) 41,
  84, *85*
  L. *angustifolia 80 ff.*
  L. *officinalis 62 ff.*
Lavendel *s. Lavandula*
*Lewisia tweedyi 46*
*Leymus arenarius 26 ff.*
*Ligustrum lucidum*
  Aureum *30 ff.*
*Lilium* (Lilie) *48,* 84
  L. Limelight *11 f.*
  L. martagon *66 ff.,* 67
  L. regale *26 ff*
*Linaria purpurea*
  Springside White *62 ff.*
*Lobelie* 41
  L. × *gerardii* Vedrariensis
    *30 ff.*
*Lonicera* (Geißblatt) *8*
*Lupinus* 84
  L. arboreus *30 ff.*
  L. The Chatelaine
    *14 ff.*
  L. Kayleigh Ann Savage
    *86*
*Lychnis chalcedonica 10 ff.*
  L. coronaria *62 ff., 80 ff.*
  L. viscaria Flore Pleno
    *14 ff.*
*Lysichiton americanus 22 ff.*
*Lysimachia ciliata*
  Firecracker *22 ff.*
  L. *nummularia* Aurea
    *80 ff.*
  L. *punctata 80 ff.*
*Lythrum virgatum* The
  Rocket *14 ff.*

**M**
*Macleaya cordata 22 ff.*
Mais 77
*Malva moschata 10 ff.*
*Matthiola* 84
*Meconopsis betonicifolia* 67
  M. *cambrica 22 ff.*
*Mentha* (Minze) 45, 77, 84,
  86
*Milium effusum 36 ff.*
*Mimulus guttatus 44 f.*
  M. *luteus 50 ff.*
  M. Royal Velvet *10 ff.*

106

*Register*

Minze *s. Mentha*
*Miscanthus sinensis 11 f.,*
   *22 ff., 64*
Möhren *42, 77*
Mohn *s. Papaver*
*Monarda didyma 84*
*Myosotis* (Vergissmein-
   nicht) *12*
   *M. sylvatica 58 ff.*
*Myrtus communis 84*

**N**
*Narcissus* (Narzissen) *32,*
   *80 ff.,* 101
   *N. pseudonarcissus 60*
*Nectaroscordum siculum*
   *10 ff., 62 ff., 66 ff.*
*Nepeta* 99
   *N. × faassenii 24*
   *N. racemosa 66 ff.*
*Nerine bowdenii 24*
*Nicotiana 84*
   *N. langsdorffii 40 ff.*
   *N. sylvestris 16*
*Nigella damascena 11 f.*
*Nymphaea* René Gérard
   *50 ff.*

**O**
*Oenothera biennis 80 ff.*
   *O. fruticosa* Fyreverken
   *10 ff.*
   *O. stricta 10 ff., 30 ff.*
*Omphalodes cappadocica* 67
   *O. linifolia 16*
   *O. verna* 67
*Onopordum acanthium*
   *62 ff.*
*Ophiopogon planiscapus*
   Nigrescens *64*
*Origanum* (Oregano) *84*
*Osmanthus 84*
*Oxalis acetosella* 67

**P**
*Pachysandra terminalis* 67
Pak-choi *42*
*Papaver* (Mohnblume) 99
   *P. atlanticum 32*
   *P. orientale* Mrs Perry *26 ff.*
   *P. somniferum 14 ff.,*
   *26 ff., 62 ff., 80 ff.*

Petersilie *42*
*Pennisetum villosum 54 ff.*
*Penstemon* Andenken an
   Friedrich Hahn *10 ff.,*
   *14 ff.*
   *P.* Evelyn *14 ff.*
   *P. heterophyllus 54 ff.*
*Perovskia atriplicifolia 11 f.*
*Persicaria* 71
   *P. affinis 14 ff., 54 ff.,*
   *58 ff.*
*Phalaris arundinacea 50 ff.*
*Philadelphus 84*
*Phlox 9*
   *P.* Cherry Pink *80 ff.*
   *P. douglasii* Crackerjack
   *46*
   *P. paniculata* Fujiyama *16*
*Phormium tenax 54 ff.*
   *P. t.* Purpureum *88 ff.*
*Physostegia virginiana* Red
   Beauty *14 ff.*
*Phytolacca americana 22 ff.*
*Picea mariana* Nana *46*
*Polemonium pauciflorum*
   *10 ff.*
*Polygala chamaebuxus* var.
   *grandiflora 46*
*Polygonatum × hybridum 16,*
   67
*Polystichum setiferum 22 ff.*
Porree *42*
*Primula 48,* 67
   *P.* Blue Riband *26 ff.*
   *P. pulverulenta 50 ff.*
   *P. vulgaris 80 ff.*
*Pulmonaria* 71
   *P. officinalis 58 ff.*
   *P. o.* Sissinghurst White *16*
*Pulsatilla vulgaris 46*
*Pyrus salicifolia* Pendula
   *24, 26 ff.*

**R**
Radieschen *42*
*Ranunculus lingua 50 ff.*
*Reseda odorata 84*
*Rhododendron 84,* 97
*Rhodohypoxis baurii 46*
*Rodgersia podophylla 22 ff.*
*Romneya coulteri 22 ff.*
Rote Beete *42*

*Rosa* (Rosen) *8, 35, 74,* 77,
   84
Rosenspalier *92 ff.*
R. Albéric Barbier *92*
R. Alister Stella Gray *72,*
   92
R. American Pillar
   *92 ff.*
R. Ballerina *36 ff.*
R. Blush Noisette 92
R. Cécile Brünner 92
R. Charles Austin 70,
   72, 92
R. Constance Spry 70,
   72, *92 ff.*
R. Cottage Rose 70, 72
R. The Countryman 70,
   92
R. Dark Lady 70
R. English Garden 70,
   92
R. Félicité Perpétue
   *92 ff.*
R. Frau Karl Druschki *9*
*R. gallica* var. *officinalis*
   Versicolor *26 ff.*
R. Gertrude Jekyll 70,
   92
R. Glamis Castle 70, 92,
   *94*
*R. glauca 30 ff.*
R. Golden Celebration
   70, 72
R. Graham Thomas *9,*
   70, 72, 92
R. Heritage 70, 72, 92
R. Iceberg *16*
R. L. D. Braithwaite 70,
   *92 ff.*
R. Leverkusen 92
R. Mme Alfred Carrière
   92, *94*
R. Mme Isaac Pereire
   *14 ff.*
R. Maigold 92
R. Mary Rose 70, 92
R. New Dawn *68,* 92
R. Othello 70, 92
R. Paul's Himalayan
   Musk 92
R. Paul's Scarlet
   Climber 92

# Register

R. Pink Grootendorst
*70 ff.*
R. Ramona *58 ff.*
R. rugosa *80–2*
R. Sanders' White
Rambler 92
R. Seagull 92, *94*
R. Veilchenblau 92
R. Warwick Castle 70, 92
R. Wife of Bath 70
R. Winchester
Cathedral 70, *72,* 92, *94*
R. Zéphirine Drouhin
92, 93
Rosenkohl *42,* 77
*Rosmarinus* (Rosmarin) 84
R. *officinalis* 77

**S**
Salbei *86*
*Salix babylonica 50 ff.*
*Salvia 8,* 41
S. *forsskaolii 26 ff.*
S. *fulgens 38*
S. *greggii 70 ff.*
S. *jurisicii 62 ff.*
S. *officinalis* 84
S. *o.* Purpurascens
Gruppe *62 ff.*
S. *patens 38*
S. *sclarea 26 ff.*
S. *s.* var. *turkestanica*
*11 ff.*
S. × *superba* Superba
*62 ff.*
S. × sylvestris Blauhügel
*11 ff.*
S. *uliginosa 11 f.*
*Sanguisorba obtusa 14 ff.*
*Santolina* 41
*Sarcococca* 84
*Scabiosa 8*
S. *caucasica* Clive
Greaves *36 ff.*
*Schizostylis coccinea 14 ff.*
Schneeglöckchen
*s. Galanthus nivalis*
Schnittlauch *see Allium*
*Sedum acre 18 ff.*
S. Herbstfreude *40 ff.,*
*62 ff.*
S. Ruby Glow *10 ff.*

S. *spectabile 14 ff.,*
*80 ff.*
S. *telephium* subsp.
*maximum* Atropur-
pureum *14 ff., 54 ff.*
S. Vera Jameson *54 ff.*
*Silene dioica 26 ff.*
*Silybum marianum 22 ff.*
*Sisyrinchium* subsp. *bellum*
*46*
S. *striatum 26 ff.*
*Smilacina racemosa 16,* 67
*Smyrmium perfoliatum*
*66 ff.*
*Solidago* Cloth of Gold
*80 ff.*
S. *cutleri 10 ff.*
S. *Laurin 10 ff.*
Spinat *s. Atriplex hortensis*
var. *rubra*
Stachelnüsschen 45
*Stachys* 71
S. *byzantina 16, 24, 38,*
*54 ff., 62 ff., 80 ff.*
Stiefmütterchen 12
*Stipa gigantea 54 ff.*
*Stylophorum diphyllum*
*58 ff.*
Sonnenblume *s.*
*Helianthus annuus*
*Syringa* 84

**T**
*Tagetes* 41
T. Bonanza Serie *20*
T. Vanilla *20*
*Tanacetum parthenium 66 ff.*
T. *p.* Aureum *86*
T. *vulgare 26 ff.,* 82
*Tellima grandiflora 58 ff.,*
*66 ff.*
*Teucrium* 41
*Thymus* (Thymian)
45, 77, *86*
Tomaten 77
*Trifolium rubens 26 ff.*
T. *r.* Album *10 ff.*
*Trillium* 67
*Trollius europaeus 80 ff.*
*Tropaeolum majus*
(Brunnenkresse) 77
T. *m.* Alaska *72*

*Tulipa* (Tulpen) 32, *80 ff.,*
101
T. Maureen *16*
T. Queen of Night *14 ff.*
*Typha latifolia 50 ff.*

**V**
*Vancouveria chrysantha* 67
*Verbascum* 9
V. *bombyciferum 10 ff.*
V. *olympicum 30 ff.*
*Verbena* Blue Lagoon
*40 ff.*
V. *bonariensis 54 ff.*
V. Showtime *14 ff.*
*Veronica longifolia 11 f.,* 32
V. Shirley Blue *11 f.,*
*26 ff., 32, 62 ff.*
V. *spicata* subsp. *incana 24*
*Viburnum* 84
*Vinca minor* 67
*Viola 36 ff.,* 41, 71
V. Ardross Gem *20*
V. *cornuta 26 ff., 80 ff.*
V. *c.* Victoria Cawthorne
*20*
V. Huntercombe Purple
*20*
V. *odorata* (Veilchen)
67, 77, 84
V. *pedata 20*
V. × *wittrockiana 80 ff.*

**W**
Weintrauben 78

**Z**
Zierlauch *9,* 71
Zucchini 78, 42
Zwiebeln *42*

# ALLGEMEINES REGISTER

**A**
Anorganischer Mulch 98

**B**
Bauerngärten *80 ff.*
Bäume:
  einpflanzen *97 f.*
  hochbinden *99*
  Rückschnitt *99 f.*
  schattige Rabatten *67*
  Waldrabatten *58 ff.*
Beetpflanzen *18 ff.*
Begrenzungen, Wege 55, 59
Bepflanzen, *97 f.*
  Blumenziebeln 59, *101*
  Duftwege *85*
  Flechtrabatte *19*
  Rosen *71*
  runde Beete *37*
  Uferrabatten *51*
Blätter s. Laub
Blickpunkte, runde Beete *37*
Blumen, Gourmetrabatten *76 ff.*
Blumenzwiebeln:
  gemischte Rabatten *26*
  pflanzen *101*
  Waldrabatten *59*
Boden:
  Dünger 97
  Mulch 98
  Vorbereitung *96*
Bodendecker *44*
Bronzenes Laub *24*

**D**
Doppeltes Umgraben *96*
Drainage, Hochbeete 89
Duftwege *84 ff.*
Dünger 97, 99

**E**
Eckbepflanzung *44 ff.*
Einfarbige Beete *14 ff.*, 35
Einjährige:
  einpflanzen 97
  gemischte Rabatten 27

Säen *100*, 101
Zweifarbige Rabatten 31
Eisenbahnschwellen, Hochbeete *89 f.*

**F**
Fachgeschäfte für den Blumenkauf 101
Farben:
  einfarbige Beete *14 ff.*
  gelbe und violette Rabatten *30 ff.*
  Laub 24
  Staudenrabatten *12*
farbenprächtiges Laub *15*, 24
feuchte Gärten 48
Flussbett, trocken *64*
Formbeete *34 ff.*
Frostschutz 99
Frühjahr:
  Waldrabatten *60*
  zweifarbige Rabatten *32*
Fundament, Hochbeete 89

**G**
Gartenzwirn 98
Gelbe und violette Beete *30 ff.*
Gelbe und violette Rabatten *30 ff.*
Gemischte Rabatten *26 ff.*
Gemüse:
  Gourmetrabatte *76 ff.*
  Parterre *42*
Gepflasterte Bereiche, Eckbeete 45
Gießen 99
Goldenes Laub *24*
Gourmetrabatte *76 ff.*
Grasschnitt, Mulch 98
Graswege *82*

**H**
Hecken:
  Formbeete *34 f.*
  Parterre *40*
Herbstpflege 99

Hidcote, Gloucestershire *14*
Hochbeete *88 ff.*
Holzscheite 59
Hopfen, gebrauchter 97

**I**
Inselbeete *11*

**K**
Kies:
  Kiesbeete *49*
  Mulch 98
  Wege 55
Klassische Rabatten *8 ff.*
Kletterpflanzen:
  Obelisken *72*
  Pergolen *78*
  Rosenspaliere *92 ff.*
Kompost 97, 99
Kräuter, Parterre 42

**L**
Laub 9
  bronze 24
  einfarbige Rabatten *15*
  farbenprächtig *15*, 24
  gold 24
  Laubpflanzenbeete *22 ff.*
  silber 24
  violett 24
Laub als Mulch 59, 97 f.

**M**
Mauern in Schattenrabatten *68*
mediterrane Rabatten *62 ff.*
Mehrjährige:
  Einpflanzen 97
  Herbstpflege 99
  Hochbinden *99*
  Säen *100 f.*
  Schnitt 99
Mulch *98 f.*
Mulchen 99

**N**
Nachbarpflanzen, Rosen 71
Netz 98
Nordseite 68

109

*Register*

**O**

Obelisken *72*
Organischer Dünger 96
Organischer Mulch 98 f.
Ovale Beete *37*

**P**

Parterre 3, *40 ff.*
Pergolen *78*
Pflanzenkauf 101
Pflege 98
Pilzsubstrat 97 f.
Planung 97

**R**

Rabattenwege
  *74 ff.*
Ranken:
  Obelisken *72*
  Buschrosen *27*
Rinde:
  Mulch 97 f.
  Wege *59*
Rückschnitt 99 f.
  Lavendel 85
Runde Beete *34 ff.*

**S**

Samen:
  säen 100 f.
  sammeln 64
Schattenrabatten *66 ff.*
  Waldrabatten *48,* 59
Schlingen beim
  Hochbinden 99
Schnitt 99
Schnüre 98
Seetang 97
Seil, Rosenspalier *94*
Setzlige ausschneiden
  101
Sicherheit in Steingärten
  46
Silberne Rabatten *24*
Sissinghurst Castle, Kent
  *14*
Spezielle Beete *48 ff.*
Stallmist 97, 99
Staudenrabatte
  *10 ff.*
Steine in Hochbeeten *90*

Steingarten *46*
Stöckchen 98 f.
Sträucher stützen *99*
Sträucher:
  einpflanzen 97 f.
  gemischte Rabatten *26 ff.*
  Hochbinden 99
  Rückschnitt 99 f.
  Waldrabatten *59*
  zweifarbige Beete 31
Stroh als Mulch 98
Stützen 98
Sukkulenten 49

**T**

Teich *50 f.*
Teichfolie 51
Torf 97
Trittsteine 75, *82*
Trockenheit tolerierende
  Pflanzen 54 ff.
Trockenrabatten 49, *54 ff.*
  mediterrane Rabatten
    *62 ff.*
  schattige Rabatten *67*

**U**

Uferbepflanzung 48,
  *50 ff.*
Umgraben 96
Unkraut 96, 98 f.
Unkrautvernichter 96
Untere Bepflanzung:
  Rosenspalier *93*
  Staudenrabatte *12*
  Waldrabatte *60*

**V**

Violettes Laub 24

**W**

Wagenräder *38*
Waldrabatten *48,*
  *58 ff.*
Wege im Hof *88 f.*
Wege:
  Bauergarten *80 ff.*
  Duftwege *84 ff.*
  Rindenmulch 59
  Rabattenwege
    *74 f.*
  Rosenspaliere *92 ff.*

Trockenrabatten *55*
Weiße Rabatten *16,* 94
Wind, Schattenrabatten 67

**Z**

Ziegelsteine:
  Hochbeete *89 f.*
  Parterre 42
  Wege *82*
Zweifarbige Rabatten
  *30 ff.*

# Danksagung des Autors

Der Autor möchte sich bei allen bedanken, die bei der Entstehung dieses Buches halfen: Anne Ryland, die dieses Buch durch den Verlag möglich machte, Lynn Bryan für die Redaktion im frühen Stadium und Sarah Polden, die die Redaktion anschließend übernahm und dem Buch die endgültige Form gab und die außerdem immer wieder Mut machte und motivierte; Stephen Robson für seine Photoarbeiten; Mark Latter für die Stunden, die er mit dem Design des Buches zubrachte und seine meterlangen Faxe und bei allen Illustratoren für ihre großartige Arbeit.

Ein Dank geht ebenfalls an die Besitzer dieser schönen Gärten, die uns die Erlaubnis gaben, diese speziell für dieses Buch zu fotografieren.